EL PRINCIPIO DE LOS

hipopótamos
BEBÉS

KATE RIGGS

CREATIVE EDUCATION · CREATIVE PAPERBACKS

TABLA DE

CONTENIDO

SOY UNA CRÍA DE HIPOPÓTAMO.

Soy un hipopótamo bebé.

pata

fosa nasal

¡Fui **un bebé muy** grande!
Pesé casi 100 libras
(45.4 kg).

Nací en
el agua.
Pero algunos
hipopótamos
nacen en
la tierra.

Me alimento de la leche de mi madre, incluso bajo el agua. Me alimento con leche durante unos ocho meses.

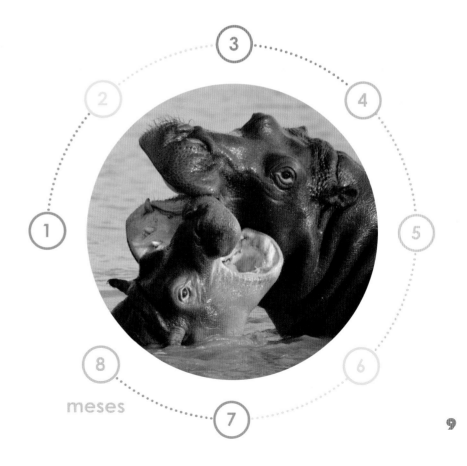

3

2

4

1

5

8

6

meses

7

9

Vivo con otros hipopótamos en una manada. Pasamos el día en el agua. Comemos toda la noche.

¡Ahora soy
un hipopótamo
joven!

HABLA Y ESCUCHA

SNOOOOO

ORRRT!

¿Puedes hablar como una cría de hipopótamo? ¡Los hipopótamos son ruidosos! Bufan, gruñen, y resuellan.

Escucha esos sonidos:

https://www.youtube.com/watch?v=V9Mfe3H45_E

¡Ahora es tu turno!

PALABRAS BEBÉS

manada: un grupo de hipopótamos que viven y se alimentan juntos

ÍNDICE

PUBLICADO POR CREATIVE EDUCATION Y CREATIVE PAPERBACKS
P.O. Box 227, Mankato, Minnesota 56002
Creative Education y Creative Paperbacks
son marcas editoriales de The Creative Company
www.thecreativecompany.us

DISEÑO Y PRODUCCIÓN
de Chelsey Luther & Joe Kahnke
Dirección de arte de Rita Marshall
Impreso en China
Traducción de TRAVOD, www.travod.com

FOTOGRAFÍAS de Alamy (Juniors Bildarchiv GmbH,
Nature Picture Library), Dreamstime (Karelgallas), Getty
Images (ULI DECK/DPA), iStockphoto (Coffeemill, yaom),
Minden Pictures (Dominique Delfino/Biosphoto, ZSSD),
Shutterstock (Henk Bentlage, Bohbeh, Cozine, DavidFM,
KobchaiMa, Maiapassarak, Luca Nichetti)

INFORMACIÓN DEL CATÁLOGO DE PUBLICACIONES
de la Biblioteca del Congreso is available
under PCN 2019957370.
ISBN 978-1-64026-452-6 (library binding)
ISBN 978-1-62832-987-2 (pbk)

HC 9 8 7 6 5 4 3 2 1
PBK 9 8 7 6 5 4 3 2 1